ESSLINGEN

AM NECKAR

Bild & Text von Katja Pfister
Historie von Petra Weber-Obrock

Übersetzung ins Englische von Jennifer Six
Übersetzung ins Französische Judith Katzer und Danièle Spohr

Grupello

Das Auge liest mit. Schöne Bücher für kluge Leser.
www.grupello.de

Katja Pfister wurde 1977 in Stralsund geboren, kam 1996 nach Esslingen, verliebte sich in die Weinberge und die Menschen und arbeitet seit nunmehr sechszehn Jahren als Buchhändlerin im Herzen der Stadt.

Bildnachweis

Seite 5: Burgpanorama (Klaus Nilkens)
Seite 18: Villa Merkel – Skulptur Markowitsch (Uwe Seyl)
Seite 18: Villa Merkel – Pontikus (Dirk Wilhelmy)
Seite 56: Wurzelkinder – mit freundlicher Genehmigung des Schreiber-Museums
Seite 57: Merkelbad Innenaufnahme (Stadtwerke Esslingen)

1. Auflage 2018

Schwerinstr. 55 · 40476 Düsseldorf
Tel. 0211–498 10 10 · Fax: 0211–498 01 83
E-Mail: grupello@grupello.de
Düssel-Druck, Düsseldorf

ISBN 978-3-89978-311-7

Während der Arbeit an diesem Bildband erfuhr ich sehr viel Vertrauen von Menschen, die mir ihre Türen, Fenster, Keller und Balkone für vielseitigere Ansichten und Einsichten öffneten. All jenen Menschen gilt mein besonderer Dank.

Ich möchte Egizia Bertagnoli danken, die sich von Beginn an für dieses Projekt eingesetzt hat und mir mit Rat und Tat zur Seite stand. Ebenso gilt mein Dank Ursula Kümmel im Stadtarchiv und Jochen Giloi, die mir ihre Expertise und ihre Zeit zur Verfügung stellten sowie Rolf B. Hauff und Klaus J. Nilkens für ihre einzigartige Unterstützung.

1

2

3

1 Schelztor 2 Pliensautor 3 Wolfstor 4 Neckarhaldentörle

4

Noch im 13. Jahrhundert hießen 28 Tore die Besucher in Esslingen willkommen. Doch nur vier Tore überdauerten die Zeit. Das Wolfstor 3 ist das älteste Stadttor. Es wurde im Jahr 1220 erbaut und wurde erstmals 1268 als »oberes Tor« erwähnt.

Back in the 13th century there were 28 entrance gate towers that welcomed visitors to Esslingen. Only four of them have survived. The Wolfstor 3 is the oldest town gate. It was built in 1220 and was mentioned for the first time in 1268 as the "upper entrance gate".

Vingt-huit portes s'ouvraient encore au 13ème siècle pour acceuillir les visiteurs d'Esslingen; quatre seulement ont résisté au temps. La Wolfstor (porte du loup) 3 est la plus ancienne. Construite en 1220, elle fut mentionnée pour la première fois en 1268 sous le nom de «porte supérieure».

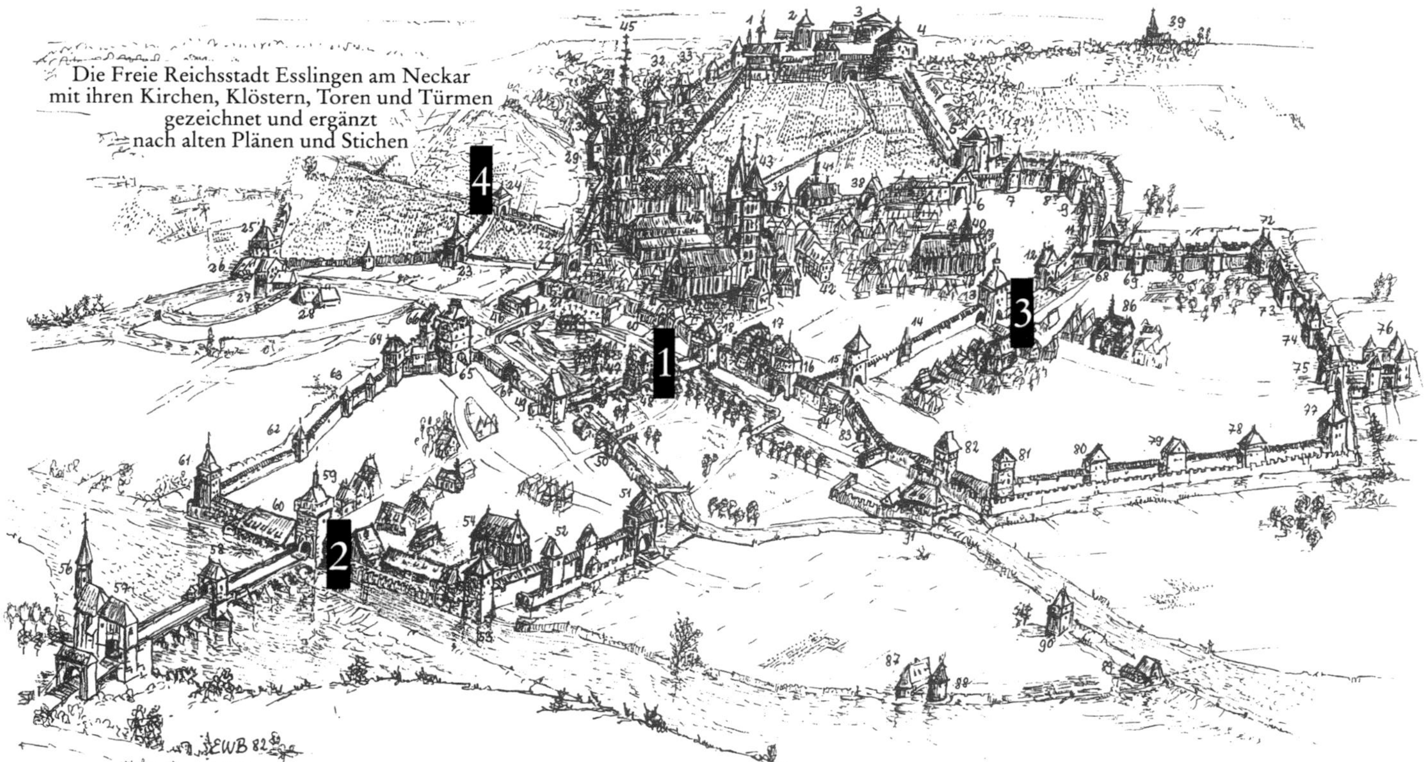

1 Hochwacht
2 Hellerturm
3 Pulverturm
4 Dicker Turm
5 Äußeres Lantelentor
6 Inneres Lantelentor
7 Lantelenturm
8 Kaudersturm
9 Rauhenturm
10 Jergenturm
11 Schadenturm
12 Gilgenturm
13 Wolfstor
14 Tuchertörlein (Frauenbrüdertörlein)
15 Tucherturm
16 Tränktor
17 Reichsstädtisches Rathaus
18 Inneres Brückentor (Finsteres Tor)
19 Kanzleitörle (Kirchgassentörle)
20 Allerheiligenkapelle (Stadtarchiv)
21 Agnestörle
22 Inneres Mettinger Tor
23 Mittleres Mettinger Tor
24 Neckarhalden-Törlein
25 Äußeres Mettinger Tor
26 Spitalmühle
27 Papiermühle
28 Lohmühle
29 Schwaderlochturm
30 Greulichsturm
31 Adlerturm
32 Mittleres Beutentor
33 Oberes Beutentor
34–36 *Auf der Zeichnung nicht sichtbar*
34 Unteres Beutentor (Frauentor – Zugang zur Unteren Beutau)
35 Schöllkopfstor (Kreidweißtor – Zugang zur Mittleren Beutau)
36 Kornmarkttor (bei der »Reichsstadt«)
37 Fachturm
38 Hagtor
39 Kirche St. Bernhardt
40 Hintere Kirche/ Franziskanerkloster
41 Augustinerkloster
42 Altes Rathaus (Kauf- und Steuerhaus)
43 Stadtkirche St. Dionys
44 Münster St. Paul/ Dominikanerkloster
45 Frauenkirche
46 Agnesbrücke
47 Innere Brücke
48 Nikolauskapelle
49 Äußeres Brückentor
50 Fischertörle
51 Vogelsangtor (Ledertor)
52 Weyenfättichturm
53 Nonnenturm
54 Sirnauer Kloster
55 Färbertörle
56 Heiligkreuzkapelle
57 Heiligkreuztor (Äußeres Brückentor)
58 Mittleres Brückentor
59 Mühlturm (Inneres Brückentor = Pliensauturm)
60 Pliensaumühle
61 Holdermannsturm
62 Vorderer Schelchsturm
63 Mittlerer Schelchsturm
64 Turm auf der Schelchsmauer
65 Inneres Schelchstor (Schelztor)
66 Äußeres Schelztor
67 Roßtörle
68 Grappelestor (Grabbrunnentor)
69 Bscheissersturm
70 Peter Hessenturm
71 Pulverturm
72 Maisenturm
73 Bayersturm
74 Gießübel (Thurn Jungfernkuß)
75 Oberes Tor (Oberesslinger Tor)
76 Hornwerk (Tarris)
77 Schütteturm
78 Renlinsturm
79 Pulverturm
80 Ziegelturm (Hundsturm)
81 Tenneturm (Judenturm)
82 Mühlturm
83 Badtörle
84 Stumpenturm
85 Karmeliterkloster
86 Klara-Kloster
87 Laboratorium des Schwäbischen Kreises
88 Pulverturm
89 Pulvermühle
90 Pulverturm
91 Obere Mühle

1

2

3

1 Amtsgericht-Vorderansicht
2 Barockes Treppenhaus
3 Deckenfresko im Kaisersaal

In den Jahren 1705-1715 im barocken Stil erbaut, ersetzte das heutige Amtsgericht das beim Stadtbrand 1701 niedergebrannte Rathaus. Im Jahre 1803 wurde es vom Herzogtum Württemberg beschlagnahmt und dient seit 1879 als Gerichtssitz.

The present-day local court replaced the town hall which was built between 1705 and 1715 in a baroque style. It burnt down in a town-wide fire in 1701. It was seized by the Duchy of Württemberg in 1803 and has functioned as a courthouse since 1879.

Construit entre 1705 et 1715, le Tribunal d'instance de style baroque, servit d'abord de mairie pour remplacer celle détruite en 1701 par un incendie. En 1803, le bâtiment fut confisqué par le duché de Wurtemberg et sert de tribunal depuis 1879.

CAROLU
VI
IMPERAT
AUGUSTIS
SIMUS
PRIVILEGI
CIVITATIS
LEGES
PUBLICA

Am Platz des ehemaligen Fischbrunnen steht seit 1916 der Postmichelbrunnen, der nach der bekanntesten Sage Esslingens benannt wurde.

Die Sage vom Postmichel

Man schrieb das Jahr 1491, als auf der Esslinger Steige in Stuttgart der Kaufmann Amandus Marchthaler ausgeraubt und erschlagen wurde. Sein Mörder verschwand spurlos. Zwei Jahre später fand der Postreiter Michel Banhard den Siegelring des Ermordeten am Wegesrand. Als er das Schmuckstück beim Esslinger Rat abliefern wollte, bezichtigte man ihn des Mordes. Unter Folter erzwang man sein Geständnis und obwohl er tagelang seine Unschuld beteuerte, verurteilte man ihn zum Tode. Jedoch erfüllte man ihm seinen letzten Wunsch. Auf seinem Roß durfte er zum Richtplatz reiten und ein letztes Mal in sein Posthorn blasen. Kurz vor seinem Tod verkündete er, er sei unschuldig und würde fortan alljährlich in der Michaelisnacht erscheinen und vor dem Haus des Scharfrichters und in Esslingen sein Horn ertönen lassen, bis der wahre Mörder gefunden sei. Und tatsächlich sah man jedes Jahr in besagter Nacht einen schemenhaften Reiter in Esslingen, der mit schauerlichen Tönen durch die Stadt ritt. Vom Entsetzen getrieben, floh der Neffe des ermordeten Kaufmanns Hals über Kopf aus Esslingen. Erst Jahrzehnte später kehrte er als alter Mann in die Stadt zurück und gestand den Mord an seinem Onkel, worauf er auf der Stelle tot umfiel und der Postmichel seinen Frieden fand.

Since 1916 the location of the former fish fountain has been the home of the Postmichelbrunnen, which is named after Esslingen's most famou legend.

The Saga of Postmichel

It was the year 1491 when at the Esslinger Steige in Stuttgart the merchant mandus Marchthaler was robbed and killed. His murderer disappeared without a trace. Two years later the post rider Michel Banhard found the signet ring of the murder victim by the wayside. When he wanted to deliver the piece ofjewellery to the Esslingen council, he was accused of murder. Under torture, his confession was forced, and although he proclaimed his innocence for days, he was sentenced to death. However, his last wish was fulfilled. He was allowed to ride to the place of execution on his horse and to blow his post horn one last time. Shortly before his death, he announced that he was innocent and would henceforth appear every year on the eve of the Feast of Saint Michael and blow his post horn in front of the house of the executioner and throughout the town of Esslingen until the true murderer was found. And in fact, every one of these nights, one could see a hazy rider in Esslingen, riding through the town making unearthly sounds. Driven by horror, the nephew of the murdered merchant escaped from Esslingen. Only decades later did he return to the town as an old man and confess to the murder of his uncle, hereupon he fell dead on the spot and Postmichel found his peace.

Sur la place de l'ancienne fontaine Fischbrunnen s'élève depuis 1916 la fontaine Postmichelbrunnen, nommée d'après la légende du Postillon Michel.

La légende de Michel de postillon

Un jour, sur la route de l'Esslinger Steige à Stuttgart, en l'an de grâce 1491, un marchand nommé Amandus Marchthaler fut attaqué, dépouillé et assassiné. Son meurtrier disparut sans laisser de traces. Deux ans plus tard, une chevalière ayant appartenu à la victime, fut retrouvée au bord du chemin par un honnête cavalier des postes nommé Michel Banhard. Quand celui-ci alla déposer le bijou à l'hôtel de ville d'Esslingen, il se vit accusé du meurtre. Il clama des jours durant son innocence, mais la torture vint à bout de sa résistance. Il finit par avouer et fut condamné à mort. Il émit alors un dernier souhait qui lui fut accordé : se rendre à cheval jusqu'au lieu d'exécution et souffler une dernière fois dans son cor de postillon. Juste avant sa mort, il proclama haut et fort qu'il était innocent; qu'il apparaîtrait dorénavant à Esslingen, chaque nuit de la saint Michel, et sonnerait du cor devant la maison du juge jusqu'à ce que le vrai coupable soit démasqué! Et en effet, l'on vit chaque année dans les rues d'Esslingen, cette nuit-là, l'ombre d'un cavalier qui traversait la ville au son tragique de son instrument. Epouvanté, un homme finit par s'enfuir de la ville. C'était le neveu du marchand assassiné. Quand il revint des décennies plus tard à Esslingen, le vieillard avoua qu'il avait tué son oncle. Dans l'instant, il tomba à terre, raide mort, et Michel le postillon put enfin trouver le repos.

Beim »Esslinger-Frühling« bei dem die Innenstadt zur grünen Oase wird, läutet Esslingen die Gartensaison ein.

Das Highlight an diesem Wochenende im April ist das traditionelle Entenwettrennen, bei dem tausende Quietscheenten für einen guten Zweck zu Wasser gelassen und von zahlreichen Schaulustigen angefeuert werden.

Esslingen welcomes spring with the garden days, when the inner city becomes a green oasis.

The highlight of this weekend in April is the traditional canard race where thousands of squeaking ducks are set into the water for a good cause. Numerous onlookers cheer them of.

Le Printemps à Esslingen marque le début de la saison du jardin. Le centreville se transforme alors une oasis de végétation florissante.

Le summum de ce week-end d'avril est la course traditionnelle de milliers de canards en plastique, mis à l'eau pour une bonne cause et encouragés par de nombreux spectateurs.

Seit 1308 werden Wasserräder in Esslingen zur Energiegewinnung genutzt. Von ehemals 24 Wasserrädern (1870) sind heute noch drei erhalten. Der einzige öffentlich zugängliche Standort eines solchen Wasserrads befindet sich in einem kleinen, romantischen Viertel, welches die Esslinger liebevoll »Klein-Venedig« nennen.

Since 1308, water wheels have been used to generate power in Esslingen. Of the former 24 water wheels (1870) there are three left today. The only one that is publicly accessible is located in a small, romantic quarter that the inhabitants affectionately call "Little Venice".

Depuis 1308, on utilise à Esslingen les roues à eau pour produire de l'énergie. Des vingtquatre roues datant de 1870, seules trois sont aujourd' hui en état de bonne conservation. Le seul endroit ouvert au public se trouve dans un petit quartier romantique, que les habitants d'Esslingen ont surnommé avec tendresse la «Petite Venise».

»Innere Brücke« mit Brückenhäuschen

1

1 Nikolauskapelle
2 Geschäftshaus auf der Inneren Brücke
3 Nikolauskapelle

2

3

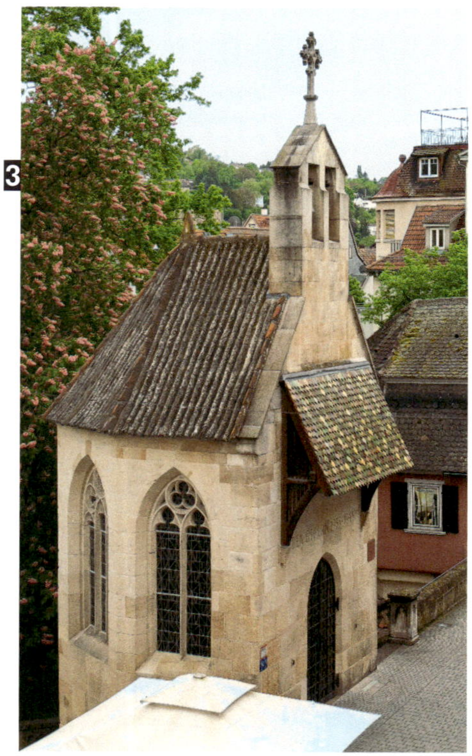

Die »Innere Brücke« stammt aus dem 13. Jhd. und ist die zweitälteste Steinbrücke Deutschlands. Einst war sie Teil der Fernhandelsstraße zwischen Flandern und Oberitalien. Heute lädt sie zum Shoppen und Flanieren ein. Das älteste Gebäude auf der Brücke ist die Kapelle St. Nikolaus. Erbaut wurde sie um 1300 und war dem Patron der Schiffer und Fährleute geweiht. Im 16. Jhd. wurde sie als Verkaufsstand genutzt, war Lager und später die Werkstatt von Friedrich Dick. Heute ist sie Gedenkstätte der Opfer des 2.Weltkriegs.

The »Inner Bridge« dates back to the 13th century and is the second oldest stone bridge in Germany. Once it was part of the longdistance trade route between Flanders and Northern Italy. Today it is the hotspot for shopping and strolling along. The oldest building on the bridge is the chapel of St Nicholas. It was built around 1300 and was dedicated to the patron of skippers and ferrymen. In the 16th century it was used as a market stall, storehouse and later on as the workshop of Friedrich Dick. Today it is a memorial to the victims of World War II.

Le pont «Innere Brücke» datant du 13ème siècle, est l'un des deux ponts les plus anciens d'Allemagne. On y faisait jadis étape quand on empreintait la route commerciale reliant les Flandres à l'Italie du Nord; il invite aujourd'hui au shopping et à la flânerie. Le plus ancien bâtiment construit sur ce pont est la «Nikolauskapelle» (chapelle St Nicolas), érigée vers 1300 et consacrée au patron des bateliers et des passeurs. Au 16ème siècle, elle a servi d'étal, d'entrepôt et plus tard d'atelier à Friedrich Dick, un entrepreneur d'Esslingen. Aujourd'hui, c'est un mémorial dédié aux victimes de la Seconde Guerre mondiale.

VILLA MERKEL

Einst für den Industriellen Oskar Merkel erbaut, sind die Räumlichkeiten der Villa Merkel heute der Gegenwartskunst vorbehalten.

Der Auftrag der Galerie Villa Merkel besteht darin, innovative und junge Kunst zu fördern. Skulpturen im angrenzenden Merkelpark ergänzen als Dauerausstellung das Kunsterlebnis und der nach englischem Vorbild gestaltete Landschaftspark lädt Besucher zum Verweilen ein.

Once built for the industrialist Oskar Merkel, the premises of the Villa Merkel are nowadays reserved for contemporary art.

The gallery's primary aim is to promote innovative and young art. Permanently exhibited sculptures in the adjacent Merkel park complement the art experience – this park which was shaped after the English model invites visitors to linger for a while.

Construite naguère pour l'entrepreneur Oskar Merkel, la Villa Merkel abrite aujourd'hui des oeuvres d'art contemporain.

La mission de la galerie Villa Merkel consiste à promouvoir de jeunes artistes. Dans le parc attenant, le Merkelpark, des sculptures en exposition permanente, complètent le plaisir artistique, et ce parc paysager à l'anglaise bien invite les visiteurs à s'attarder.

ST. CATHARINA

Alfred
Seifenfabrikation
Weinstube
Öxle

Auf dem heutigen Marktplatz stand bis vor ca. 200 Jahren das Katharinen-Spital. Übrig geblieben ist nur das Kielmeyerhaus, die einstmalige Spitalkelter. Das Kielmeyerhaus wurde 1581 erbaut und säumt mit weiteren historischen Fachwerkhäusern aus dem 15.-18. Jahrhundert den Marktplatz. Hier findet nicht nur der Wochenmarkt statt, auch das Bürgerfest, das Zwiebelfest und der Weihnachtsmarkt finden hier ihren Platz.

At today's marketplace the former Katharinenspital (hospital) stood until approximately 200 years ago. All that is left is the Kielmeyer house, the former hospital wine press. The Kielmeyer house was built in 1581 and, together with other historical half-timbered houses from the 15th to 18th centuries, lines the marketplace. Here, not only the weekly market but also the town's festival, the Onion Festival, and the Christmas market take place.

Jusqu'à une époque qui remonte à environ 200 ans, l'actuelle place du marché était l'emplacement de l'hôpital Ste Catherine. Le seul vestige en est la maison Kielmeyer, le pressoir de l'ancien hôpital. Edifiée en 1581, elle se dresse au bord de la place du marché, ainsi que d'autres maisons à colombages construites entre les $15^{\text{ème}}$ et $18^{\text{ème}}$ siècles. Outre le marché hebdomadaire, cette place accueille chaque année la fête des citoyenne, la fête aux oignons et le marché de Noël.

Die Küferstraße ist ein Teil der ehemaligen Fernhandelsstraße von Speyer nach Ulm und war somit eine der wichtigsten Straßen der Stadt. Heute ist sie Flaniermeile und Hauptveranstaltungsort für eines der ersten Feste im Jahr. Jedes Frühjahr wird hier der rote Teppich für ein ganz besonderes Früchtchen – die Erdbeere – ausgerollt.

The Küferstraße is part of the former longdistance trade route from Speyer to Ulm and therefore one of the most important streets in the town. Today, it is a popular promenade and main venue for one of the first festivals of the year. Each spring the red carpet is rolled out for a very special fruit – the strawberry.

Représentant jadis une étape sur l'ancienne route commerciale entre Spire et Ulm, la Küferstraße était l'une des rues les plus importantes de la ville. Aujourd'hui, c'est une allée vouée à la flânerie est une voie de promenade et l'emplacement principal d'une des premières fêtes de l'année. Chaque printemps, on y étale un le tapis rouge pour un petit fruit très particulier: la fraise.

Erdbeerfest
Blarerplatz
Erdbeer -
Kuchen

COSMOPOLITA

Paracelsus, der berühmte Arzt und Mitbegründer der modernen Medizin, hat hier zwar nie gewohnt, dennoch wurde die ehemalige Herberge »Zum goldenen Ochsen« nach ihm benannt. Der Grundstein des sogenannten Paracelsushauses wurde 1502 gelegt. Im Jahr 1882 gestaltete Josef Frank das Haus im Stil der Neorenaissance um. Von den aufwendigen Dekorationsmalereien ist einzig das Bildnis des Paracelsus und das Stadtwappen erhalten.

Paracelsus, renowned physician and cofounder of modern medicine, never actually lived here, but the former inn "Zum goldenen Ochsen" was still named after him. The foundation stone of the so-called Paracelsus house was laid in 1502. In 1882 Josef Frank re-modelled the house in the neo-Renaissance style. Of the elaborate decorative paintings only the portrait of Paracelsus and the municipal coat have been preserved.

Bien que Paracelse, célèbre médecin et cofondateur de la médecine moderne, n'y ait jamais habité, cette auberge fut nommée «Au beuf Noir» en son honneur. C'est en 1502 que fut posée la première pierre de la Paracelsushaus (maison de Paracelse). Josef Frank la restaura en 1882 dans le style néo-Renaissance. De tous les riches ornements picturaux, seuls ont subsisté le portrait de Paracelse et les armes de la ville.

PARACELSUS
wohnte
hier
1531

Strasse

Die gotische Bauform des seit 1235 errichteten Münster St. Paul beeinflußte zahlreiche Kirchenbauten im südwestdeutschen Raum. Das Münster gehört zu den ältesten Dominikanerkirchen nördlich der Alpen.

The Gothic structural shape of the St Paul's Minster constructed in 1235 influenced numerous church buildings in Southwest Germany. The Minster is one of the oldest Dominican churches north of the Alps.

Le style gothique de la cathédrale St. Paul, édifiée dès 1235, influencé nombre édifices religieux dans le sud-ouest de l'Allemagne. C'est une des plus anciennes cathédrales dominicaines au nord des Alpes.

GEFAKO

St. Dionys wurde im 13. und 14. Jahrhundert im gotischen Stil erbaut. Markant sind vor allem die unterschiedlichen Baustile der Kirchtürme. Die Verbindungsbrücke zwischen beiden Türmen wurde im 16. Jhd. hinzugefügt, um die Türme vor dem Auseinanderdriften zu bewahren. Im Inneren finden nicht nur alte Meister Beachtung, auch moderne Kunst hat hier ihren Raum. So zeichnet Gottfried von Stockhausen 1963 verantwortlich für die Fenster über dem Südportal und Ulrich Henn gestaltete mit dem Eingangsportal einen außergewöhnlichen Blickfang. Beeindruckend ist auch der Hochaltar aus dem 17. Jahrhundert, über dem symbolträchtige Glasfenster aus dem Mittelalter aufragen.

St. Dionysus was built in the 13th and 14th century in Gothic style. The difference between the architectural styles of the spires is striking. The connecting bridge between both towers was added in the 16th century so that the spires could not drift apart. Inside the church old masters as well as modern art pieces find their place. Gottfried von Stockhausen, for instance, designed the windows above the south portal in 1963, whereas Ulrich Henn created an extraordinary eye-catcher with the entrance portal. Just as impressive is the high altar from the 17th century above which iconic glass windows from the Middle Ages rise up.

L'église St Dionys (St Denis), construite aux 13ème et 14ème siècles dans le style gothique, est surtout remarquable par les différences de style entre ses deux tours. La passerelle entre les tours fut rajoutée au 16ème siècle pour les maintenir parallèles. A l'intérieur de l'église, on peut admirer des oeuvres de maîtres anciens aussi bien que d'artistes modernes. En 1963, Gottfried von Stockhausen réalisa les vitraux au dessus du portail sud et Ulrich Henn la remarquable porte d'entrée, véritable point de mire. Des vitraux du Moyen Âge, riches en symboles, dominent un maître-autel du 17ème siècle, très impressionant.

Die Basilika »Mariä Verkündigung« ist der größte griechisch-orthodoxe Kirchenbau außerhalb Griechenlands. Sie wurde hauptsächlich durch Spenden finanziert und 1995, nach zwei Jahren Bauzeit, fertiggestellt. Obwohl sie im Innern noch nicht vollständig ausgemalt ist, erhält man schon jetzt einen Eindruck ihrer zukünftigen Pracht.

The basilica of Annunciation is the biggest Greek Orthodox church building outside of Greece. It was mainly financed by donations and completed in 1995 after two years of construction. Even though it is not yet completely painted on the inside, one can imagine its future magnificence.

La basilique «Mariä Verkündigung» (de l'Annonciation) est la plus grande église grecque-orthodoxe située hors de Grèce. Financée en premier lieu par des dons, elle a été terminée en 1995 après deux ans de construction. Bien que les ornements picturaux de l'intérieur ne soient pas entièrement terminés, on a déjà une idée de sa future splendeur.

Die Franziskanerkirche stammt aus dem 13. Jahrhundert. Nach der Reformation fiel sie an die Stadt, die 1668 und 1840 große Teile abreißen ließ. Heute stehen nur noch der Chor und der im 19. Jahrhundert stark veränderte Westflügel der einst imposanten Kirche.

The Franciscan Church originates from the 13th century. After the Reformation it was passed on to the town which in turn tore down big parts of it in 1668 and 1840. Today, only the choir and the west wing, which was strongly altered in the 19th century, survive of the once impressive church.

L'église «Franziskaner» (des Franciscains) date du 13ème siècle. Après la réformation, elle revint à la Ville qui, dans les années 1668 et 1840, en fit détruire de grandes parties. Aujourd'hui, de cette église jadis imposante, n'existe plus que le choeur et l'aile ouest, considérablement modifiée au 19ème siècle.

Auf dem Platz der vormaligen Marienkapelle wurde 1516 die Frauenkirche als Bürgerkirche im gotischen Stil fertiggestellt und gilt als eine der ältesten Hallenkirchen Schwabens. Die beiden einzigartigen Prachtportale an der Südseite stellen das Weltengericht und das Marienleben besonders eindrucksvoll dar. Bemerkenswert sind die umfangreichen, mittelalterlichen Glasfenster aus der Zeit um 1330 und die von Hans Gottfried von Stockhausen gestalteten Fenster aus dem 20. Jahrhundert.

At the site of the former Lady chapel, the Church of Our Lady was completed in 1516 as a parish church in Gothic style. It is one of the oldest Swabian hall churches. The two unique and magnificent portals on the south side show an impressive Last Judgement and scenes from the life of the Virgin Mary. The extensive medieval glass windows from around 1330 and the windows designed by Hans Gottfried von Stockhausen from the 20th century are striking.

A l'emplacement de l'ancienne chapelle Sainte Marie, on acheva en 1516 la construction de l'église gothique «Frauenkirche» (Notre Dame), destinée à servir d'église paroissiale; elle est considérée comme l'une des plus anciennes églises-halles de Souabe. Les deux magnifiques portails sud, uniques en leur genre, illustrent de remarquablement le Jugement Dernier et la vie de la Vierge Marie. Tout aussi remarquables sont les riches vitraux moyennageux, datant des années 1330, et ceux réalisés au 20ème siècle par Hans Gottfried von Stockhausen.

Die Moschee befindet sich derzeit noch in der Bauphase.

The mosque is currently under construction.

La Mosquée est encore actuellement en cours de construction.

Als Zunfthaus der Schneider findet die heutige Synagoge im Jahre 1463 erstmals Erwähnung. Im Jahr 1819 wird das Fachwerkhaus im Heppächer 3 von der jüdischen Gemeinde käuflich erworben und dient ihr bis zur Reichspogromnacht 1938 als Synagoge. Im Laufe der Nachkriegsjahre war es Wohnstätte, Kindertagesstätte, Jugendhaus und Galerie. Seit 2012 ist das rot-weiße Fachwerkhaus wieder ein Platz des jüdischen Glaubens.

As the guild house for tailors, today's synagogue was mentioned for the first time in the year 1463. In 1819 the half-timbered house at Im Heppächer 3 was bought by the Jewish community and served as a synagogue until the Nazi pogrom night in 1938. During the post-war years, it was a residence, a day-care centre, a youth centre and a gallery. Since 2012 the red and white timbered house has once again become a place for the Jewish faith.

La Synagogue actuelle fut mentionnée pour la première fois en 1463; en tant que maison de corporation des tailleurs. En 1819, la communauté juive acheta cette maison située au 3, Im Heppächer et l'utilisa comme synagogue jusqu'à la nuit de Cristal de 1938. Dans les années d'après-guerre, le bâtiment fut successivement habitation, garderie, maison des jeunes et galerie d'art. Depuis 2012 la maison à colombage rouge et blanche est redevenue un lieu de culte juif.

9

Mancherorts könnte der Kontrast nicht größer sein. Direkt gegenüber des modernen Hochschulkomplexes liegt »Die Spinnerei«. Ehemals Zwirnmühle, bietet sie heute Kleinkünstlern eine einzigartige Bühne.

In some places, the contrast could not be any bigger: directly opposite the modern college building complex 3 one can find “Die Spinnerei”. Previously a thread mill, it now offers artists a unique space.

En maint endroit, le contraste ne pourrait être plus grand. En face du bâtiment moderne qui abrite l’Ecole Supérieure, se trouve «Die Spinnerei» (la filature).. Aujourd'hui, ce ancien retordage, sert de salle de spectacles, unique en son genre.

Das um 1424 errichtete »Alte Rathaus« war einst Markt- und Steuerhaus und bildet heute das Zentrum der Stadt. Mit seinem eindrucksvollen Fachwerkgiebel auf der Südseite gilt es als Hauptwerk des alemannischen Fachwerkbaus. Im Jahre 1581 wurde das kunstvolle, astronomische Uhrwerk in Auftrag gegeben. Es betätigt die Figuren und die Zeiger der astronomischen Uhr. Sie ist die älteste funktionierende schmiedeeiserne Turmuhr Deutschlands. Der berühmte Hofbaumeister Heinrich Schickhardt erweiterte das Bauwerk 1586-1589 um die Renaissance-Fassade und gab ihm damit sein heutiges Antlitz, welches als das schönste in Esslingen gilt.

The centre of the town is the "Altes Rathaus", the Old Town Hall, built in 1424, which was once a market and tax house. With its impressive halftimbered gables on its south side it is considered the main example of the Alemannic half-timbered building style. In 1581 the elaborate astronomical clockwork was commissioned. It operates the figures and hands of the astronomical clock and is the oldest working wrought-iron tower clock in Germany. The renowned court architect Heinrich Schickhardt enlarged the structure from 1586 to 1589 with a Renaissance façade and provided it with its present appearance which is generally understood to be the most beautiful in Esslingen.

L´ancien hôtel de ville, «Altes Rathaus», situé au coeur de la ville et édifié vers 1424, était jadis, la maison du commerce et des impôts. Son remarquable pignon à colombage côté sud, peut être considéré comme «le pignon à colombage alémanique» par excellence. On commanda, en 1581, une horloge astronomique magnifiquement ornementée. Son mécanisme active les personnages et les aiguilles. C'est la plus ancienne tour-horloge en fer forgé qui fonctionne encore en Allemagne. De 1586 à 1589, Heinrich Schickhardt, célèbre architecte de la Cour, agrémenta l'édifice d'une façade Renaissance et lui donna ainsi sa silhouette actuelle, la plus belle d'Esslingen.

Hinter fünf Meter dicken Mauern befindet sich die ehemalige Befestigungsanlage der Stadt, die sogenannte Burg. Die Bezeichnung ist jedoch irreführend, da sie nie der Sitz des Stadtherrn war. Der »Dicke Turm«, das heutige Wahrzeichen der Stadt, wurde 1527 hinzugefügt und bekam 1887 als »Hauptzierde der Stadt« sein heutiges Aussehen.

Behind walls that are five metres thick there is the former fortification of the town, the so-called "Burg", the Castle. The name, however, is misleading as it never was the residence of the Mayor. The "Dicke Turm", today's town landmark, was added in 1527 and obtained its current appearance as "main ornament of the city" in 1887.

Des murs de cinq mètres d'épaisseur abritent l'ancienne forteresse de la ville, l'Esslinger Burg (Château fort d'Esslingen). Ce nom est pourtant trompeur, car le Burg ne fut jamais la résidence d'un seigneur de la ville. On rajouta en 1527 la «Dicke Turm», (la Grosse tour), et on lui donna en 1887 son aspect actuel qui fait d'elle l'ornement principal et l'emblème de la ville.

1 Direkt unterhalb der Burgmauern liegt die ehemalige Stadtresidenz einer der bekanntesten Esslinger Familien, der Familie Palm (1766). Heute dient sie als Rathaus.
2 Festungskanone auf dem sogenannten Kanonenbuckel
3 Barocker Brunnen im Burggarten
4 Die Burgstaffel führt mit über 300 Stufen zur Hochwacht und dem Dicken Turm

2

3

4

1

2

- **1** Zur Wintersonnenwendfeier begeben sich zahlreiche Besucher in einem langen Fackelzug auf die Burg und feiern mit Feuerkünstlern das Ende der langen Nächte.
- **2** An lauen Sommerabenden wird der kleine Burggarten schon mal Schauplatz für romantische Anlässe.
- **3** Sicht vom Dicken Turm auf die Stadt Esslingen
- **4** Feierstimmung beim Open-Air-Kino auf der Burg

3

BRUSCHETTA
PANINIS

Der Teufel und die Marktfrau

An einem schönen Tag hatte sich auch der Teufel zum bunten Markttreiben in Esslingen eingefunden. Beim Anblick der appetitlich arrangierten Auslagen bekam er bald Hunger und so blieb er vor einem Stand mit besonders schönen Äpfeln stehen, um sich einen Apfel zu erbetteln. Natürlich ging der Teufel raffiniert zu Werke und schmeichelte der Marktfrau hinter dem Stand mit schönen Worten. Doch die Marktfrau war nicht dumm und besah sich diesen Bettler genau. Dabei entdeckte sie den Pferdehuf, der unter dem Mantel des Teufels hervorlugte und beschloß, den Teufel zu überlisten. In freundlicher Manier erzählte sie ihrem Gast von einem ganz besonders schmackhaften Apfel, den sie ihm schenken wolle. Der Teufel, hocherfreut ob seines Erfolgs, biß genüßlich in den vermeintlichen Apfel. Doch unmittelbar darauf zeigte sich sein wahres Gesicht, das er zu einer Fratze verzog. Er spie den Bissen wieder aus und rief »Pfui Teufel! Das ist kein Apfel, das ist eine scharfe Zwiebel. Dann sollt ihr ab jetzt und für immer auch Zwieblinger heißen!« Mit diesem Ausruf verließ er blitzartig Esslingen und ward nie wieder gesehen.

The devil and the market woman

On a beautiful day, the Devil had come to the hustle and bustle of the Esslingen market. Seeing the delicious looking food, he soon got hungry and so he stopped in front of a stand with particularly beautiful apples in order to beg for one. Of course, the Devil was cunning and flattered the market woman behind the stand with beautiful words. However, the market woman was not stupid and looked closely at this beggar. In doing so, she discovered the horse's hoof, which peered out from underneath the Devil's coat and she decided to outwit him. In a friendly manner, she told her guest of a particularly tasty apple which she wanted to give him. The Devil, delighted by his success, bit into the alleged apple with pleasure. Directly afterwards he showed his true face, which he turned into a grimace. He spit out the bite and shouted »Ugh, disgusting! This is not an apple, it is a hot onion. Then you shall be called Zwieblinger from now on and for ever!« With this exclamation, he left Esslingen without a trace, and was never seen again.

Le diable et la maraîchère

Un beau jour, attiré par l'animation du marché d'Esslingen, le diable y vint aussi faire un tour. A la vue couverts de denrées appétissantes, il ressentit bientôt une petite faim. Il s'arrêta devant un étalage de superbes pommes et tenta d'en quémender une. Pour obtenir ce qu'il convoitait, il couvrit la maraîchère de paroles. Mais la marchande, loin d'être bête, se mit à examiner le mendiant de plus près et aperçut alors le pied fourchu qui dépassait de dessous son manteau. Elle reconnut le diable et décida de lui jouer un bon tour. De sa voix la plus aimable, elle lui parla d'une pomme particulièrement savoureuse qu'elle tenait à lui offrir. Le diable, ravi de son succès, prit le fruit et mordit dedans avec gourmandise. Et c'est alors qu'il dévoila son vrai visage. Sa figure se fronça en une affreuse grimace, il recracha la bouchée et s'écria: «C'est dégoûtant! Ce n'est pas une pomme, c'est un oignon, et des plus forts! A partir de ce jour, je vous le promets, on ne vous appellera plus que les Oignonneux!» Sur ces mots, il disparut en un éclair et on ne le revit jamais ...

Jedes Jahr wird in Esslingen im Andenken an eine mutige Marktfrau das »Zwiebelfest« gefeiert. Da die Esslinger auch »Zwieblinger« genannt werden, wurde dem Gemüse sogar ein Brunnen in der Altstadt gewidmet.

Each year Esslingen celebrates the »Onion Festival« in memory of a brave market woman. Since citizens of Esslingen are also called »Zwieblinger« (»Onionists«), there is also a fountain in the Old Town which was named after the vegetable.

Tous les ans, on célèbre la Fête de l'oignon à Esslingen, en mémoire de la courageuse maraîchère. Les citoyens d'Esslingen étant surnommés «les Oignonneux», on dédia à ce légume une fontaine dans la vieille ville.

Im »Gelben Haus« am Hafenmarkt hat das Stadtmuseum seinen Platz. Hier kann der Besucher kulturhistorische Schätze vom Mittelalter bis zur Gegenwart entdecken.

In the “Yellow House” at the Hafenmarkt, the town’s museum can be found. Here, the visitor can discover treasures of cultural and historical value from the Middle Ages to the present.

La «Maison Jaune» sur le Hafenmarkt (marché du port) abrite le musée de la ville, où le visiteur peut découvrir des trésors de l’histoire culturelle du Moyen Âge jusqu’à nos jours.

STADTMUSEUM
STADTMUSEUM
GEFAKO

Esslingen bietet einen breiten Fundus an Fachwerkbauten, die die Jahrhunderte überdauert haben. Bei einem Spaziergang durch die Altstadt kommt man zudem an einer der ältesten erhaltenen Häuserzeilen Deutschlands vorbei, die noch aus der ersten Hälfte des 14. Jahrhunderts stammt.

Esslingen provides a wide range of half-timbered houses which have survived the centuries. During a walk through the Old Town one passes one of the oldest preserved row of houses in Germany that dates back to the first half of the 14th century.

Esslingen est très riche en édifices à colombages qui ont résisté aux siècles. En se promenant dans la vielle ville, on découvre de plus l'un des plus anciens alignements de maisons à colombages d'Allemagne, datant de la première moitié du 14ème siècle.

Fromm-Fashion

Im kleinen, aber feinen Schreiber-Museum im ehemaligen Salemer Pfleghof gilt es, weithin bekannte Bilder- und Ausschneidebögen, Wandtafeln und vieles mehr aus dem Verlag J. F. Schreiber zu entdecken. Höhepunkt aber ist die Wurzelhöhle, in der die Geschichte des bekannten Kinderbuchs »Etwas von den Wurzelkindern« 1 nacherzählt wird

In the small but nice Schreiber museum in the former Salemer Pfleghof, a monastic building, widely known sheets of pictures, cut-out sheets, wall panels and much more from the publishing house, J. F. Schreiber can be discovered. However, the highlight is the root bowl in which the story of the well-known children's book "The Children of the Root Bowl" 1 is retold.

Le charmant petit musée Schreiber, situé dans le Salemer Pfleghof d'autrefois, présente aux visiteurs des planches d'illustrations et de découpages, des tableaux muraux et bien d'autres trésors de la maison d'édition J. F. Schreiber. Une visite dans la grotte des racines où l'on raconte l'histoire du célèbre livre pour enfants, «Etwas von den Wurzelkindern» (Quelque chose à propos des enfants racines) 1, d'après le célèbre livre pour enfants du même nom, s'impose.

1

Das »Merkelsche Schwimmbad« mit seinen originalen Brunnenfiguren, Fliesen und Fenstern ist eines der letzten erhaltenen Jugendstilbäder in Deutschland. Der Fabrikant Oskar Merkel machte das Bad 1907 der Stadt Esslingen zum Geschenk und sorgte so für das Wohlergehen seiner Bürger.

The "Merkelsche" swimming pool with its original fountain figures, tiles and windows is one of the last preserved Jugendstil (Art Nouveau) pools in Germany. The manufacturer Oskar Merkel made the baths a present to the town of Esslingen and thus catered for the well-being of its citizens.

La piscine «Merkelsches Schwimmbad» avec ses statues de fontaines, ses carrelages et ses fenêtres d'époque, est l'une des dernières piscines de style Art Nouveau qui subsistent en Allemagne. L'entrepreneur Oskar Merkel l'offrit à la ville d'Esslingen en 1907, contribuant ainsi au bien-être de ses concitoyens.

STIL TRIFFT
HISTORIE

1

Glitzernde und funkelnde Gebilde ziehen sich beim Stadtfest »ES funkelt« durch die Innenstadt und tauchen die Straßen, Gassen und Märkte in stimmungsvolles Licht. So wird das Flanieren bis Mitternacht zum eindrucks- vollen Erlebnis.

Glittering and twinkling shapes go through the inner city at the festival "ES funkelt" and fill the streets, alleys and market places with atmospheric light. With this, strolling through the town until midnight becomes an impressive experience.

La fête municipale «ES funkelt», remplit de lumières pleines d'ambience les rues, ruelles et places du centre-ville. Une telle soirée invite à flâner jusqu'à minuit et restera un souvenir inoubliable.

2

3

1 »Klein Venedig« mit beleuchtetem Kunstwerk
2 Erleuchtete Küferstraße
3 Das Amtsgericht als Leinwand für Lichtkünstler

Fährt der Besucher mit dem Zug in Esslingen ein, bemerkt er als erstes eines der neueren Wahrzeichen der Stadt, den Dick-Turm. Er gehört zu der von Friedrich Dick 1778 gegründeten Werkzeugfabrik, deren Produkte noch heute international bekannt sind.
Im Innern des heutigen »Dick-Areals« ist die einstige Nutzung immer noch sichtbar. So sorgt die industrielle Architektur in Läden, Restaurants, Kinosälen und Diskotheken für ein einzigartiges Flair.

Coming into the town of Esslingen by train, the visitor first notices one of the newer landmarks of the town, the Dick chimney. It belongs to the tool factory which was established by Friedrich Dick in 1778. Its products are still well-known worldwide.
Inside today's "Dick areal" the former use is still visible. The industrial architecture in shops, restaurants, cinemas and clubs provides for a unique flair.

En arrivant par le train en gare d'Esslingen, le visiteur remarque tout d'abord l'un des plus récents emblèmes de la ville, la haute cheminée Dick-Turm. Elle appartient à l'usine d'outillage fondée par Friedrich Dick en 1778, dont les produits bénéficient encore d'un renom international.
A l'intérieur, l'actuel espace «Dick-Areal» témoigne encore de son activité passée. Son architecture industrielle donne un style sans pareil aux magasins, restaurants, salles de cinéma et discothèques qui s'y trouvent.

DiCK

Der Weinbau in Esslingen

Die Weinbautradition in Esslingen reicht fast 800 Jahre zurück. Erste explizite Erwähnungen von Weinbergen im Esslinger Gebiet finden sich seit 1225 in den schriftlichen Überlieferungen. Der Weinbau war vom Hochmittelalter bis zum Ende der Reichsstadtzeit das wirtschaftliche Rückgrat Esslingens und der Hauptgrund für die Ansiedlung von insgesamt 12 klösterlichen Wirtschaftshöfen, den sogenannten Pfleghöfen. Die Klöster besaßen einen Großteil der Weinberge, deren Erträge die Pfleghöfe zumeist selbst kelterten und in ihren Kellern lagerten. Im Mittelalter gehörte der tägliche Genuß von Wein zum Alltag. Arbeiter und Pächter wurden unter anderem mit einer festgeschriebenen Menge Wein bezahlt und das Wasser zur Desinfizierung mit Wein gemischt. Somit war der Weinkonsum gewaltig. In 42 Keltern wurde der Wein von 600 Hektar Rebfläche gekeltert. Als wichtige Weinmetropole gab Esslingen auch das damalige Weinmaß vor. Unter einem »Esslinger Eimer« verstand man ein Faß von 300 Litern Wein. Zu Anfang des 16. Jahrhunderts wurden über 40.000 Hektoliter Wein bis ins Elsass exportiert. Seit dem 18. Jahrhundert schwinden jedoch die Weinberge. Aufgrund von wirtschaftlichen Entwicklungen und systematischer Zerstörung durch die Württemberger gibt es heute noch 80 Hektar Rebfläche, auf denen über 20 Rebsorten angebaut werden. Auf den meisten Hängen wachsen die Sorten Müller-Thurgau, Riesling, Spätburgunder, Trollinger, Silvaner und Kerner. Esslinger Wein wird heute bevorzugt in und um Esslingen genossen. Der größte Teil der hier gekelterten Weine trägt das Etikett der Weingärtner, einer Genossenschaft, welche heute ca. 170 Mitglieder zählt. Aber mancher Winzer keltert noch seinen eigenen Wein, wie das Weingut Bayer in Esslingen-Rüdern oder die Familie Kusterer in ihrer Gravitationskelter in Esslingen-Mettingen.

Wine-growing in Esslingen

The wine-growing tradition in Esslingen dates back almost 800 years. The first explicit references to vineyards in the Esslingen region can be found in written records from 1225. Wine-growing from the High Middle Ages to the end of the age of the Imperial City was the economic backbone of Esslingen and the main reason for the settlement of the 12 monastic farmyards, the so-called "Pfleghöfe". The monasteries owned most of the vineyards. And most of the time, they pressed and stored the harvest in their cellars themselves. In the Middle Ages the daily consumption of wine was a normal daily routine. Workers and tenants were, among other things, paid in a fixed amount of wine, and water was mixed with wine for disinfection purposes. Consequently, wine consumption was enormous. Forty-two wine presses pressed the wine of 600 hectares of vineyard. As an important wine city Esslingen defined the wine measurement. An Esslingen bucket was a barrel of 300 litres of wine. At the beginning of the 16th century more than 4 million litres of wine were exported to Alsace. However, starting in the 18th century vineyards began disappearing. Because of economic developments and a systematic destruction due to the people of Württemberg there is only an area of 80 hectares of vineyard left on which more than 20 different grape varieties are grown. On most of the hillsides the following grapes are grown: Müller-Thurgau, Riesling, Spätburgunder, Trollinger, Silvaner and Kerner. Wine from Esslingen is now preferred in and around the town. The larger part of the pressed wines here has the label of the vine dressers, a cooperative that has approximately 170 members today. However, some of the wine makers still press their own wine, for instance the winery Bayer in Esslingen-Rüdern or the Kusterer family in their gravitational press in Esslingen-Mettingen.

La viticulture à Esslingen

La viticulture à Esslingen remonte à presque 800 ans. Les vignobles de la région d'Esslingen furent pour la première fois explicitement mentionnés par écrit en 1225. De la moitié du Moyen-Âge jusqu'à la fin de son titre de ville impériale, la viticulture fut l'épine dorsale la force économique d'Esslingen. Celà explique pourquoi 12 domaines ruraux monastiques y furent installés administration (Pfleghöfe). Les monastères étaient propriétaires d'une grande partie des vignobles dont la récolte était vinifiée aux domaines et les vins conservés dans leurs caves.
Au Moyen Âge, le vin était la boisson quotidienne des citoyens. Les ouvriers et les tenanciers étaient payés, entre autres, avec une certaine quantité de vin; pour désinfecter l'eau, on la mélangeait avec du vin. La consommation de vin était donc énorme. Le produit de 600 hectares de vignobles était vinifié dans 42 chais. Esslingen étant une importante métropole viticole, il lui revint de fixer l'unité de mesure de l'époque pour le vin: «le seau d'Esslingen» («Esslinger Eimer») représentait l'équivalent d'une barrique de 300 litres. Au début du 16ème siècle, plus de 40.000 hectolitres de vin étaient exportés jusqu'en Alsace.
Depuis le 18ème siècle, néanmoins, la surface des vignobles diminue. A cause du développement économique et de la destruction systématique des ceps par les Wurtembergeois, il n'existe plus aujourd'hui que 80 hectares de vignes, vingt cépages y sont cultivés, dont les principaux sont le Müller-Thurgau, le Riesling, le Spätburgunder, le Trollinger, le Silvaner et le Kerner.
Le vin d'Esslingen est très apprécié à Esslingen-même et aux alentours. La plupart des vins élaborés ici portent l'étiquette des Weingärtner, une coopérative comptant actuellement environ 170 membres. Mais il y a aussi des viticulteurs qui pressent leur propre vin, comme par exemple le domaine viticole Bayer à Esslingen-Rüdern ou la famille Kusterer avec son pressoir par gravité à Esslingen-Mettingen.

WEINGÄRTNER ESSLINGEN
Postmichel
Spätburgunder
trocken
ESSLINGEN
2013
Zweigelt
trocken
WEINGÄRTNER ESSLINGEN
Lemberger
trocken
WEINGÄRTNER ESSLINGEN
Muskat-Trollinger
WEINGÄRTNER ESSLINGEN
Trollinger mit Lemberger
trocken
WEINGÄRTNER ESSLINGEN
Acolon
trocken

1

3

4

In der Esslinger Altstadt sind noch neun klösterliche Pfleghöfe erhalten.

1 Konstanzer Pfleghof
2 Blaubeurer Pfleghof
3 Fürstenfelder Pfleghof
4 Bebenhäuser Pfleghof (Rückansicht)
5 Salemer Pfleghof
6 Ehemaliger Pfleghof von Roggenburg-Ursberg
7 Denkendorfer Pfleghof
8 Kaisheimer Pfleghof
9 Speyrer Pfleghof

2

5

6

EHEMALIGER
PFLEGHOF
der reichsunmittelbaren
Prämonstratenser-Klöster Ursberg
(Kreis Krumbach) und Roggenburg
(Kreis Neu-Ulm).
1589 erworben und ausgebaut.
1650 wieder veräußert.
14

7

8

9

SSLER SEKT

Das Haus »Kessler« läßt seine Tradition im schönsten Zierfachwerkhaus Esslingens, im ehemaligen Speyrer Pfleghof, aufleben. Seit Georg Christian von Kessler 1826 die Sektkellerei gründete, hat sich am Herstellungsverfahren nicht viel verändert. Auch heute noch wird »Kessler Sekt« nach dem traditionellen Verfahren der Flaschengärung hergestellt, das G. C. von Kessler aus der Champagne mitbrachte.

Mehrere tausend Flaschen Schaumwein reifen in mittelalterlichen Kellern in Rüttelpulten und werden zum Teil noch immer von Hand gerüttelt. »Kessler« gilt als die älteste Sektkellerei Deutschlands.

The house of "Kessler" revives its tradition in the most beautiful half-timbered house in Esslingen, in the former Speyrer Pfleghof. Since Georg Christian von Kessler founded the champagne cellars in 1826, nothing has really changed in the production process. Even today, "Kessler Sekt" is produced according to the traditional process of bottle fermentation which G. C. von Kessler brought with him from the Champagne.

Thousands of bottles of sparkling wine mature in medieval cellars on remuage racks and are still shaken by hand today. "Kessler" are the oldest champagne cellars in Germany.

La Maison «Kessler» fait ranimer ses traditions dans la plus belle maison à colombages d'Esslingen, l'ancien domaine Speyrer Pfleghof. Depuis que Georg Christian von Kessler fonda en 1826 sa cave de vins mousseux, dont le procédé de fabrication est resté pratiquement inchangé. Aujourd'hui encore, le vin effervescent «Kessler Sekt» est produit selon la méthode traditionnelle de fermentation en bouteille que G. C. von Kessler avait importée de Champagne.
Des milliers de bouteilles de vin mousseux vieillissent dans des caves médiévales, dans des pupitres de remuage où elles sont encore en partie tournées à la main. «Kessler» est réputé être la plus ancienne cave de vins mousseux en Allemagne.

Im Mittelalter war die dreigeteilte Beutau das Weingärtnerviertel der Stadt. Handwerker, Weinbauern und Tagelöhner lebten in der mittleren und unteren Beutau. Die obere Beutau wurde die Herrenbeutau genannt. Dort wohnten wohlhabende Bürger. Die Größe und die Bauweise der Häuser lassen immer noch den jeweiligen Reichtum der einstigen Bewohner erkennen. Über Jahrhunderte hinweg hat sich die Beutau ihren Charme erhalten können. Heute noch hat sie das Flair einer eigenen, kleinen Stadt.

In the Middle Ages the »Beutau« – divided into three parts – was the vine dressers' quarter of the town. Craftsmen, winegrowers and day labourers lived in the middle and at the bottom of the Beutau next door to each other. The upper Beutau was called the "Herrenbeutau" (the Beutau of the lords). Here, the wealthier citizens lived. The size and the architecture of the houses are still reminiscent of the wealth of their former inhabitants. The Beutau has been able to keep its charm for centuries. And even today it has its very own flair of a small town within a town.

Au Moyen Âge, la «Beutau», divisée en trois parties, était le faubourg des vignerons de la ville. Artisans, viticulteurs et journaliers habitaient porte à porte dans la partie du milieu, la «Mittlere Beutau», et la partie inférieure, la «Untere Beutau». La partie supérieure, la «Obere Beutau», à l'époque nommée «Beutau des Seigneurs», était réservée aux citoyens aisés. Le type de construction et la taille des maisons témoignent aujourd'hui encore de la richesse de leurs habitants d'autrefois. Avec son charme suranné, la Beutau a toujours gardé son caractère bien particulier.

1

2

3

1 Mittelalterliche Weinkelter aus dem 13.Jahrhundert 2 Rebstöcke 3 Weinrelief in der Beutau

Auf dem Mittelaltermarkt wird altes Handwerk zum Leben erweckt.

At the medieval market old handicraft is brought back to life.

Le marché médiéval ressuscite les vieux métiers.

Café
RATS-APOTHEKE
Homöopathische Central-Apotheke
heisse Maroni
Naowa
Naturkosmetik-Duftmanufaktur
Räucherwerk
Ätherische Öle

Fahrendes Volk, Gaukler, Marktschreier und zahlreiche andere Künstler sorgen auf dem Mittelalter- und Weihnachtsmarkt für beste Unterhaltung.

Travelling people, jugglers, market criers and numerous other artists provide for great entertainment at the Medieval and Christmas market.

Sur le marché de Noël médiéval, des forains, des saltimbanques, des bonimenteurs et de nombreux autres artistes apportent du formidable divertissement.

Die Geschichte der Stadt Esslingen am Neckar
Ein historischer Abriß

Esslingen war im Mittelalter eine reiche und bedeutende Stadt, in der die Bürger stolz von sich behaupteten, in der »Hauptstadt Innerschwabens« zu leben, sicher mit Blick auf die naheliegende Residenzstadt Stuttgart, mit der man seit dem 13. Jahrhundert im Dauerclinch lag. Der Erfolg der Stadt hing mit ihrem Status als Reichsstadt zusammen, die innerhalb ihrer Mauern weitgehend unabhängig von württembergischem Machtstreben und nur dem Kaiser des Heiligen Römischen Reiches Deutscher Nation untertan war. Den Reichtum der Stadt aber bedingten drei wichtige Faktoren: die Lage am Neckar, den die Esslinger im 13. Jahrhundert mit einer für sie gewinnträchtigen Brücke überspannten, die Stadtkirche unter dem Patrozinium des heiligen Dionysius und die eigene Wirtschaftsgrundlage, der Weinbau.

Die Geschichte der Gegend rund um Esslingen wird seit alters her vom Fluß Neckar bestimmt, ein Name, der aus dem Keltischen stammt, und »der Unbezähmbare« bedeutet. Bei Esslingen befand sich eine Furt. In der Gegend finden sich sowohl Spuren aus der Jungsteinzeit, als auch Grabstätten, die auf eine Besiedlung durch die Kelten hindeuten. Zur Zeit der römischen Besatzung läßt sich eine Besiedlung nur anhand eines Gutshofs in Oberesslingen und einer Villa in Berkheim nachweisen. Das änderte sich, als um die Mitte des 3. Jahrhunderts Gruppen verschiedenster Germanenstämme im heutigen Süddeutschland einfielen und die Römer im Jahr 259/60 zur Verlegung ihrer Grenze an die Donau zwangen. Auf den Schwemmfächern des Neckar blieb eine Gruppe Alamannen unter einem Anführer mit Namen »Ezzel« oder »Ezzilo« hängen, dessen Siedlung nach ihm »Ezzelinga« benannt wurde. Obwohl die Lage direkt am Fluß für das Dorf heikel war, schafften es die Alamannen, sich dort zu halten. Im 8. Jahrhundert nach Christus ließ der alamannische Adlige Hafti oder Hatti hier eine Cella bauen, ein kleines Mönchskloster, das der Missionierung der rundum lebenden Germanen diente. Im Zuge der Machtübernahme durch die Franken fiel dieses in der Mitte des 8. Jahrhunderts an Fulrad, den Abt des bedeutenden Klosters St. Denis bei Paris. Fulrad begriff schnell, was er an seiner Esslinger Cella hatte und verfügte, daß man hier »super Fluvium Neccra« die Reliquien des römischen Märtyrers Vitalis unterbringen sollte. Stolz erwähnt er seine Besitzung in seinem Testament aus dem Jahr 777 und vererbt sie dadurch an sein Kloster St. Denis. Mit dem Reliquiengrab war die Stadt zu einem bedeutenden Pilgerzentrum im oberdeutschen Raum geworden, dessen hoher Frequentierung man durch einen imposanten Neubau über der kleinen Kirche Haftis Rechnung trug. Beide Vorgängerbauten fand man durch Zufall 1960 unter den Bodenplatten der Stadtkirche St. Dionys, als man eine Fußbodenheizung einbauen wollte. Von wegen Internationalität: Schon im 8. Jahrhundert war Esslingen tributpflichtig an das Kloster St. Denis bei Paris, dem man regelmäßig Fuhren von Neckarwein zukommen ließ.

In den nächsten Jahrhunderten machte sich der Flußübergang über den Neckar bezahlt. Esslingen befand sich an der Reichsstraße von Speyer nach Ulm, die, über die Barriere der Alpen hinweg, Flandern mit Venedig verband. Weil der links des Neckars gelegene Erhebung, der sogenannte Eisberg, den Durchgang versperrte, mußte jeder Reisende von Cannstatt aus irgendwie den Fluß überqueren. Das tat man zunächst mit Hilfe der Furt. Ab dem 13. Jahrhundert allerdings ermöglichte eine doppelte Brückenkonstruktion über den Neckar und seine Nebenarme einen komfortablen und trockenen Übergang. Ebenfalls zum Vorteil der Handelsreisenden wie auch der Pilger gereichte der Esslinger Markt, der sich durch eine Markturkunde Ludwigs des Deutschen bis auf das Jahr 866 nach Christus zurückführen läßt. Rund um den Flußübergang und den Handel wuchs und prosperierte die Stadt wie ein Lehrstück aus dem Geschichtsbuch. Wann aber wurde die Siedlung offiziell zur Stadt erklärt? Das genaue Datum ist unbekannt. Im 11. Jahrhundert fiel Esslingen an die Staufer. In dieser Zeit wurden die Hänge am Neckar für den Weinbau terrassiert, was den Grundstein für eine dauerhafte Qualitätsverbesserung des Neckarweins legte. Man vermutet die Stadtwerdung Esslingens im ersten

Drittel des 13. Jahrhunderts, vermutlich unter König Heinrich VII, dem Sohn des Stauferkaisers Friedrichs II. Dieser verfügte im Jahr 1213 die Überlassung der Rechte an der Esslinger Stadtkirche an das Domkapitel zu Speyer. Die Schenkung diente der Finanzierung von Seelenmessen und Gebeten zugunsten seines 1205 ermordeten und im Dom zu Speyer beigesetzten Onkels Philipp von Schwaben. Den Esslingern brachte die Vereinbarung nicht nur den Neubau ihrer Stadtkirche ab 1220, sondern eine dauerhafte und nicht immer gern gesehene Bindung an Speyer ein.

Gegen Ende des 13. Jahrhunderts erlebte die Stadt eine Blütezeit unter ihrem Schirmherrn König Rudolf von Habsburg. Dieser baute die Stadtbefestigung mit ihren drei Mauerringen, ihren 28 Toren und rund 40 Wachtürmen weiter aus und bezog hier seinen Stützpunkt im Rahmen seiner Auseinandersetzungen mit dem württembergischen Grafen Eberhard I. Spätestens jetzt läßt sich eine Rivalität zwischen Esslingen und der benachbarten Residenzstadt Stuttgart feststellen. Im Jahr 1312, im Reichskrieg Heinrichs VII, schlug sich Esslingen auf die Seite des Reiches und führte in seinem Auftrag die Friedensverhandlungen mit den Württembergern. Gemeinsam mit anderen Reichsstädten hatte man Markgröningen, Neuffen, Leonberg, Waiblingen, Schorndorf und sogar Stuttgart erobert, doch der plötzliche Tod des Königs machte Esslingens ersehnte Vormachtstellung 1316 wieder zunichte.

Dem wachsenden Reichtum und Stolz der Handelsstadt Esslingen tat das keinen Abbruch. Mit dem Anbau und dem Verkauf des Weins und den gewebten und gewalkten Wollstoffen besaß man Handelsgüter, die Finanzkraft in die Stadt brachten. Esslinger Kaufleute traten schon im 13. Jahrhundert auf den Messen in Frankfurt und Nördlingen auf und schlossen Bündnisse mit Händlern aus Ravensburg, Ulm und Augsburg. 12 Zünfte behaupteten selbstbewußt ihr Mitspracherecht im Stadtrat, der seit 1274 die Geschicke der Stadt bestimmte. Seit 1286 saß diesem ein Bürgermeister vor. Vom Reichtum der Bürger sprechen auch die Klöster in der Stadt. Alle vier männlichen Bettelorden der Dominikaner, Franziskaner, Augustiner Eremiten und Karmeliter wurden von den Stadtbürgern finanziert und übernahmen im Gegenzug Verantwortung für die Seelsorge oder Armenpflege. Dazu kamen zwei Frauenklöster der Dominikanerinnen und eines der Clarissen, des weiblichen Ablegers der Franziskaner. 12 Pfleghöfe auswärtiger Klöster und anderer geistlicher Institutionen, darunter so bedeutsame wie das Zisterzienserkloster Salem am Bodensee, verwalteten von hier aus ihren Grundbesitz in Stadtnähe. Das Ende der Vorherrschaft der Reichsstadt läutete die Schlacht am Mutzenreis im Jahr 1449 ein, bei der es um Zollstreitigkeiten zwischen den Esslingern und dem Grafen Ulrich V. von Württemberg ging. Die Reichsstädter zogen den Kürzeren. Ab 1473 besiegelte ein Schirmvertrag Esslingens Abhängigkeit von Württemberg.

Im Jahr 1531 bekannte sich die Stadt in ihrer Gesamtheit zur Reformation. Für einen geordneten Übergang holte man den oberschwäbischen Reformator Ambrosius Blarer in die Stadt, der die Kirchen in schlichte Predigträume umgestalten ließ. Im Dreißig-jährigen Krieg wurde die Stadt dank des klugen Taktierens von Bürgermeister Georg Wagner zwar tangiert. Sie überstand Verwüstungen und Seuchen aber besser als viele andere schwäbische Städte. Im pfälzischen Erbfolgekrieg 1688 öffnete man dem französischen General Ezéchiel de Mélac die Stadttore, fand sich mit der Einquartierung ab und bewahrte die Stadt so vor ihrer Zerstörung. 1693 und 1707 folgten weitere Besetzungen durch die Franzosen.

In der Zeit zwischen dem 16. und dem 19. Jahrhundert sank die Wirtschaftskraft der Stadt langsam ab. Das änderte sich im 19. Jahrhundert ausgerechnet durch Esslingens 1802 erfolgte Einbeziehung in das neu entstehende Königreich Württemberg. Ab etwa 1810 prägten junge Industrielle mit innovativen Ideen die Stadt, die allesamt gebürtig nicht aus Esslingen stammten. Zu ihnen zählten Carl Christian Ulrich Deffner mit seiner Metallwarenfabrik, Georg Christian von Kessler mit der ersten Sektkellerei auf deutschem Boden ab dem Jahr 1826, und Emil Kessler, der ab 1846 die Maschinenfabrik Esslingen aufbaute, die mit dem Export von Berglokomotiven weltweite Bedeutung erlangte. Zusätzliche Arbeitsplätze boten die »Esslinger Wolle« und die »Württembergische Baumwollspinnerei« sowie weitere Firmen. Ab 1845 war Esslingen an das Eisenbahnnetz angeschlossen.

Beide Weltkriege ließen die Stadt nahezu unbeschadet zurück. Während des Nationalsozialismus fand man in Esslingen Opfer, Helfer und Täter. In der Reichspogromnacht 1938 wurde die Synagoge im Heppächer in Schutt und Asche gelegt und das jüdische Waisenhaus an der Mülberger Straße zerstört. Die Kinder und Jugendlichen wurden in alle Windrichtungen zerstreut. Der Leiter, der berühmte Pädagoge Theodor

Rothschild, starb 1944 in Theresienstadt. Viele Esslinger Juden konnten der Deportation vom Hafenmarkt aus nicht entgehen, deren erste große Welle Ende November 1941 erfolgte. Es gab aber auch Beispiele anderer Art. So öffnete Paul Schmidt, der evangelische Pfarrer der Südkirche, das Pfarrhaus in der Pliensauvorstadt als Station der Schwäbischen Pfarrhauskette für Juden, die sich auf der Flucht befanden.

Nach dem Zweiten Weltkrieg änderte sich Esslingens Sozialstruktur durch die Aufnahme von rund 47.000 Neubürgern aus den ehemaligen deutschen Ostgebieten drastisch. Die Einwohnerzahl stieg dadurch um beinahe das Doppelte. Heute hat Esslingen knapp 90.000 Einwohner und gehört zu den kulturell aktivsten Kommunen in der Region Stuttgart. Die Bevölkerungsstruktur ist multikulturell. Ob alteingesessen oder neu zugezogen – Esslinger Bürgerinnen und Bürger schauen gern auf 1700 Jahre Geschichte zurück.

Petra Weber-Obrock

The history of the city of Esslingen am Neckar
A historical outline

In the Middle Ages Esslingen was a rich and important city in which the citizens proudly proclaimed that they lived in the capital of "inner Swabia". They certainly said so with regard to the nearby residence city of Stuttgart with which they were in permanent competition since the 13th century. The success of Esslingen was related to its status as an imperial city which was largely independent from Württemberg's striving for power inside its walls. It was subject only to the Holy Roman Empire of the German Nation. Three important factors contributed to the wealth of the city: its location at the river Neckar which the citizens of Esslingen profitably bridged in the 13th century, the town church under the patronage of St Dionysius and its very own economic basis, wine-growing.

The history of the area surrounding Esslingen has long been determined by the river Neckar, a name that stems from Celtic and means "irrepressible". Right next to Esslingen there was a ford. There are traces of the Neolithic period as well as other tombs that indicate a Celtic settlement. A settlement at the time of Roman occupation is only evident in a farm in Oberesslingen and a mansion in Berkheim. This changed when in the middle of the 3rd century groups of various Germanic tribes invaded present-day southern Germany and forced the Romans to move their border to the edge of the Danube in 259-60. One Alemannic tribe remained on the outwash plain of the Neckar. Their chief was called Ezzel or Ezzilo causing his settlement to be named after him, Ezzelinga. Even though it was risky for the village to be so close to the river the Alemanni managed to stay there. In the 8th century the Alemannic nobleman Hafti or Hatti built a so-called cella, a small monastery to do missionary work aimed at the Teutons that lived nearby. In the wake of the assumption of power by the Franconians the monastery fell to Fulrad, the abbot of the important St Denis monastery near Paris in the middle of the 8th century. Fulrad quickly realised how important his cella in Esslingen was and therefore arranged for the relics of the Roman martyr Vitalis, "super Fluvium Neccra", to be placed here. He proudly mentions his possession in his last will from the year 777 and consequently passed it on to his St Denis monastery. With the relic grave, the city became an important pilgrimage site in the upper German region whose influx of pilgrims made it possible to build an imposing new construction on top of the smaller church of Hafti. Both previous buildings were discovered accidently below the floor panels of the St Dionysius town church in 1960 when floor heating was supposed to be installed. Speaking of international importance: as early as the 8th century, Esslingen was a tributary to the St Denis monastery in Paris, which received regular cartloads of Neckar wine.

In the following centuries the river crossing over the Neckar was paying off. Esslingen was located at the imperial road from Speyer to Ulm which connected Flanders with Venice over the barrier of the Alps. Because an elevation, the so-called Eisberg, left of the Neckar prevented people from accessing the other side, each traveller had to cross the river somehow. At first this was done by using the ford. From the 13th century onwards, however, a double bridge construction over the Neckar and its branches made a comfortable and dry crossing possible. Another advantage for the travelling merchants and pilgrims became the Esslingen market which can be traced back to the year 866 through a market charter from Ludwig the German. Thanks to the river crossing and commerce the city grew and prospered which represented a very straightforward development. But when was the settlement declared a city? The exact date remains unknown. In the 11th century Esslingen fell to the Staufer dynasty. In that time the slopes of the Neckar were terraced for wine-growing, which laid the foundation for a permanent improvement in the quality of Neckar wine. It is assumed that Esslingen became a city in the first third of the 13th century, presumably under King Heinrich VII, son of the Kaiser of Hohenstaufen Friedrich II. He gave the rights to the Esslingen town church to the cathedral chapter of Speyer in 1213.

This donation served as funding for requiems and prayers for his uncle, Philipp of Swabia, who had been murdered in 1205 and laid to rest in the cathedral of Speyer. Through this agreement the citizens of Esslingen were not only endowed with a new construction of their town church in 1220, but also a permanent though often frowned-upon connection with Speyer.

Towards the end of the 13th century the city reached its prime under its patron, King Rudolf von Habsburg. He expanded the town fortifications with its three town walls, 28 town gates and 40 watchtowers while putting up a stronghold in the town for his disputes with Eberhard I, Count of Württemberg. By now the rivalry between Esslingen and the nearby residence city Stuttgart was clearly visible. During the Imperial War of Heinrich VII in the year 1312, Esslingen defended the Empire and conducted peace talks in its name with Württemberg. Together with other imperial cities, the towns and settlements of Markgröningen, Neuffen, Leonberg, Waiblingen, Schorndorf and even Stuttgart had been conquered, but the sudden death of the king destroyed the supremacy of Esslingen in 1316.

Even so, there was no decline in the growing wealth and pride of Esslingen. With the growing and selling of wine as well as woven and milled fabrics the city possessed trading goods that attracted financial power. As early as the 13th century, merchants from Esslingen went to trade fairs in Frankfurt and Nördlingen and made deals with other merchants from Ravensburg, Ulm and Augsburg. Twelve guilds confidently claimed their right to have a say in the city council, which had determined the city's fate since 1274. From 1286, the mayor presided over this council. The wealth of the citizens of Esslingen is especially visible in its monasteries. All of the four mendicant orders of the Dominicans, Franciscans, Augustinian Hermits and Carmelites were financed by the citizens, so the orders assumed responsibility for pastoral care and relief of the poor. Additionally, there were two nunneries. One of the Dominican order and one of the Clarisses, the female branch of the Franciscans. Twelve farmyards, the so called Pfleghöfe, were formed by foreign monasteries and spiritual institutions among which was the significant Cistercian monastery Salem near Lake Constance. All of them managed their property close to the city from here. The end of the supremacy of the imperial city was heralded by the Battle of Mutzenreis in 1449, which was about customs disputes between the citizens of Esslingen and Count Ulrich V of Württemberg. The citizens of the imperial city lost. From 1473 onwards, a treaty dictated Esslingen's dependency from Württemberg.

In 1531 the whole city professed the Reformation. For an orderly transition the Upper Swabian reformer Ambrosius Blarer was called in. He transformed the churches into modest rooms for preaching. The city was only slightly affected by the Thirty Year's War due to the clever tactics of its mayor Georg Wagner. It survived devastation and epidemics much better than other Swabian towns. During the Palatinate War of Succession in 1688 the town gates were opened for the French General Ezéchiel de Mélac. By accepting the quartering, the city was saved from destruction. In 1693 and 1707 further occupations by the French followed.

Between the 16th and 19th centuries the city's economic strength declined more and more due. This changed again in the 19th century, ironically through Esslingen's inclusion in the newly founded Kingdom of Württemberg in 1802. From approximately 1810 onwards young industrials with innovative ideas shaped the city. None of them originated from the city. Among them were Carl Christian Ulrich Deffner with his metal goods factory, Georg Christian von Kessler with the first champagne cellars on German soil in 1826 and Emil Kessler who started building an engineering factory in 1846. This factory gained international significance with the export of mountain locomotives. Further employment was provided by Esslinger Wolle (wool) and Esslinger Baumwollspinnerei (cotton mill) as well as other companies. 1845 marked the year in which Esslingen gained access to the railway network.

Both world wars left the city relatively unharmed. During the Nazi regime Esslingen had victims, helpers and perpetrators in its midst. During the Kristallnacht in 1938 the synagogue on Im Heppächer was completely wrecked and the Jewish orphanage in Mülberger Straße destroyed. The children were scattered to the four winds. Its director, the famous educator Theodor Rothschild, died in Theresienstadt in 1944. Many of Esslingen's Jewish population could not escape the deportation that began from Hafenmarkt. The first big wave of took place at the end of November 1941. However, there were other examples. Paul Schmidt, the evangelical pastor of the Südkirche, opened the parsonage in Pliensauvorstadt as a refuge for fleeing Jews.

After World War II Esslingen's social structure changed dramatically through the admission of 47,000 new citizens from the former eastern territories of Germany. The population almost doubled. Currently, Esslingen is just short of 90,000 inhabitants and is one of the most culturally active municipalities in the region of Stuttgart. The demographic structure is multicultural. Whether long-established or newly arrived – the citizens of Esslingen enjoy looking back at its 1700 years of history.

Petra Weber-Obrock

Résumé historique de la ville d'Esslingen sur le Neckar

La ville d'Esslingen était renommée au Moyen-Âge pour sa richesse et son importance; ses habitants se considéraient avec fierté comme citoyens de la «Souabe par excellence», du fait de la proximité de la ville résidentielle de Stuttgart, avec laquelle ils étaient en conflit permanent depuis le 13ème siècle. Le succès de la ville était dû à son statut de ville impériale libre, ce qui lui offrait, à l'intérieur de son enceinte, une certaine indépendance vis-à-vis de la soif de pouvoir du Württemberg; elle n'était soumise qu'à l'empereur du Saint Empire romain germanique. Sa richesse, cependant, résultait de trois facteurs: son emplacement sur les rives du Neckar que l'on relia, dès le 13ème siècle par un pont qui apporta une croissance économique rentable, son église sous le patronat de Saint Denis et sa viticulture.

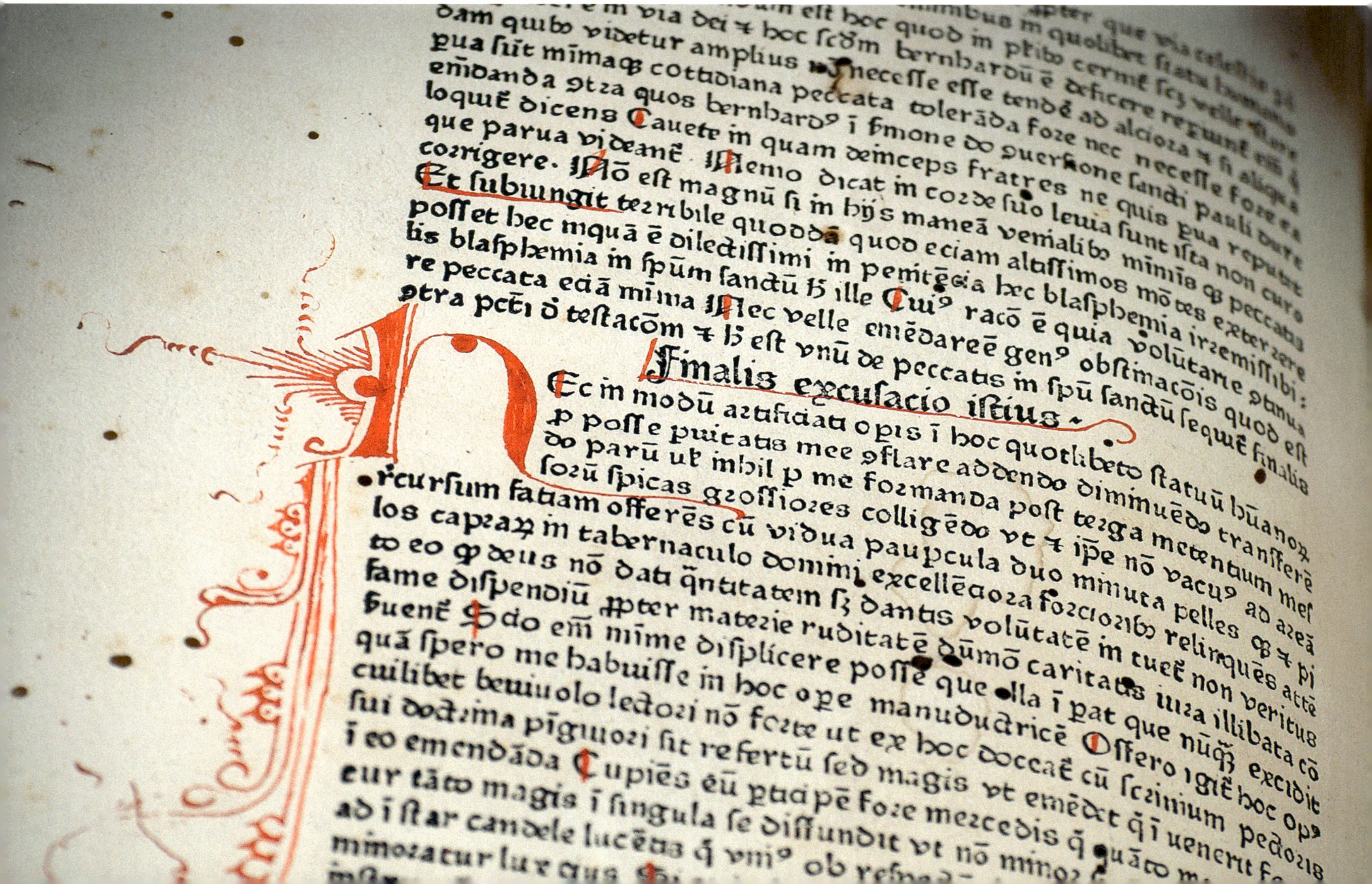

L’histoire de la contrée environnant Esslingen a été marquée depuis toujours par la rivière du Neckar, nom issu du celte, signifiant «l’Indomptable». Esslingen possédait un gué. On a trouvé dans la région d’Esslingen aussi bien des traces néolihiques que des sépultures révélant l’existence de populations celtes. De la colonisation romaine, ne témoignent juste qu’une ferme domaniale à Oberesslingen et une villa à Berkheim. Cela changea à la moitié du 3ème siècle, lorsque de différentes tribus germaniques envahirent le sud de l’Allemagne actuelle et repoussèrent les frontières des Romains jusqu’au Danube, en 259/260. Parmi elles, un groupe alaman, sous la régie de leur chef «Ezzel» ou «Ezzilo», s’installa sur les côtes alluvionnes du Neckar, et nomma en son honneur l'agglomération «Ezzelinga». Bien que l’emplacement si près de la rivière fut problématique, les Alamans réussirent à s’y maintenir. Au 8ème siècle après J.C., le noble Alaman, Hafti ou Hatti, y fit construire une «cella», petit monastère, désigné à missionner la région alentour. Suite à la conquête par les Francs, il tomba, au milieu du 8ème siècle, sous l’empreinte de Fulrad, l’abbé du très célèbre monastère de St. Denis, proche de Paris. Fulrad comprit rapidement ce que la Cella d'Esslingen pouvait lui apporter et ordonna que l'on y héberge «super Fluvium Neccra», les reliques du martyre romain Vitalis. C'est avec grande fierté qu'il en évoque la possession dans son testament de l’année 777; c'est ainsi que son cloître de St. Denis en hérita.

Grâce à son tombeau reliquaire, la ville devint un endroit de pèlerinage important dans le Sud de l’Allemagne actuelle; la grande fréquentation du lieu fit qu’un nouvel édifice religieux fut construit au-dessus de la petite église Hafti. C’est par hasard qu’on retrouva en 1960 les deux bâtiments ultérieurs sous les dalles du sol de l'église St. Denis, en y installant un chauffage au sol. En ce qui concerne son renom international: Esslingen fut dès le 8ème siècle, tributaire du monastère St. Denis près de Paris, auquel on livrait régulièrement des convois de vin du Neckar.

Au cours des siècles suivants, la traversée du Neckar s'avéra plus qu'avantageuse. Esslingen se situait sur la route de l'Empire menant de Spire à Ulm et reliant les Flandres à Venise en surmontant la barrière des Alpes. Comme une hauteur, dite l'Eisberg, située à gauche du Neckar bloquait le passage, tout voyageur venant de Cannstatt devait trouver une manière de traverser la rivière. Cela s'opéra dans un premier temps à l'aide d'un gué. A compter du 13ème siècle, la construction de deux ponts en arches rendit une traversée du Neckar et de ses affluents, confortable et de plus au sec. En outre le marché d'Esslingen profitait aussi bien aux commerçants itinérants qu'aux pèlerins; dans un document de Louis II le Germain, le marché d'Esslingen est daté à l'an 866. Grâce à la facile traversée du fleuve et à la prospérité du commerce, la ville s’enrichit et s'agrandit comme si elle était sortie d'un livre d'histoire. Mais quand ce village fut-il officiellement nommé ville? La date exacte est inconnue. Au 11ème siècle, Esslingen tomba aux mains de la maison des Staufer. C'est à cette époque qu’on aménagea des terrasses sur les côtes du Neckar pour les vignobles, ce qui permit d'améliorer la qualité des Vins du Neckar. On estime qu’Esslingen passa au rang de ville dans le premier tiers du 13ème siècle, probablement sous le règne du roi Henri VII, fils de l'empereur Frédéric II de la maison des Staufer. Ce dernier abandonna, en 1213, ses droits sur l'église St. Denis d'Esslingen au profit du chapitre de la cathédrale de Spire, en tant que don. Ce don servit à dire des messes et des prières en faveur de son oncle Philippe de Souabe, assassiné en 1205 et inhumé dans la cathédrale de Spire. Grâce à cet accord, les bourgeois d'Esslingen purent reconstruire leur église principale dès 1220 et bénéficier en outre d’un lien durable mais parfois mal vu avec Spire.

La ville connut, vers la fin du 13ème siècle, un essor sous l'égide de son bienfaiteur, le roi Rodolphe de Habsbourg. Il fit renforcer les remparts de la ville avec un triple anneau de murailles, 28 portes et près de 40 tours de guet. Il en fit sa résidence de base au cours de ses conflits l'affrontant au comte Eberhard I de Wurtemberg. C'est à ce moment que la rivalité entre Esslingen et la ville résidentielle voisine de Stuttgart devint indéniable. En 1312, au cours d'une guerre au sein de l'Empire sous Henri VII, Esslingen prit parti pour l'Empire et mena sous son mandat les négociations de paix avec les Wurtembergeois. En s’alliant avec d'autres villes impériales libres, Esslingen conquit Markgröningen, Neuffen, Leonberg, Waiblingen, Schorndorf et même Stuttgart. Mais la mort soudaine du roi, en 1316, anéantit la suprématie tant convoitée d'Esslingen. Cela n'endommagea en rien la richesse croissante et le renom de la ville commerciale d'Esslingen.

Grâce à la viticulture et à la vente du vin, de la laine tissée et foulée, la ville possédait des marchandises qui lui donnèrent son pouvoir financier. Les commerçants d'Esslingen participèrent dès le 13ème siècle aux foires de Francfort et de Nördlingen et conclurent des alliances avec les commerçants de Ravensburg, d'Ulm et d'Augsbourg. Douze corporations usèrent délibérément de leur droit d'intervention dans le conseil municipal qui régissait la ville depuis 1274. La ville avait un maire depuis 1286. Les monastères témoignèrent aussi de la richesse de la ville. Les quatre ordres mendiants des Dominicains, Franciscains, Augustins Ermites et Carmélites furent financés par les citoyens et en contrepartie ils prirent en charge le travail pastoral ou le service des pauvres. S'y joignirent deux couvents de Dominicaines et un de Clarisses, fondé par les Franciscains. Douze maisons de soins appartenant à des monastères et à d'autres institutions religieuses, parmi lesquelles l'importante abbaye cistercienne de Salem sur le lac de Constance, administraient en ville leurs biens fonciers situés à l'extérieur. Ce fut la bataille de Mutzenreis qui, en 1449, mit fin à la suprématie de la ville impériale libre. Elle résultait de disputes concernant la douane entre les habitants d'Esslingen et le comte Ulrich V. de Wurtemberg. Les habitants d'Esslingen cédèrent. À partir de 1473, un accord protecteur les mit sous la dépendance de Wurtemberg.

En 1531, l'intégralité de la ville soutint la Réformation. Afin d'assurer un passage ordonné de l'ancienne religion à la nouvelle, on mandata en ville le réformateur Ambrosius Blarer, de Haute-Souabe, qui fit aménager les églises en simples salles de prêches. Lors de la Guerre de Trente Ans, la ville fut certes touchée, mais grâce à l'esprit tactique du maire Georg Wagner, elle survécut aux ravages et aux épidémies bien mieux que beaucoup d'autres villes souabes. Au cours de la guerre de succession du Palatinat en 1688, on ouvrit les portes de la ville au général français Ezéchiel de Mélac, en acceptant le cantonnement de ses troupes, ce qui épargna la destruction de la ville. Les Français occupèrent de nouveau la ville en 1693 et en 1707.

Entre le 16ème et le 19ème siècle, la puissance économique de la ville s'amenuisa. Quand en 1802 Esslingen fit partie du nouveau Royaume de Wurtemberg, la ville jouit d'un renouveau économique. Aux environs de 1810, de jeunes industriels, pour la plupart non originaires d'Esslingen, marquèrent la ville avec des idées innovatrices. Parmi elles: l'usine de produits métallurgiques de Carl Christian Ulrich Deffner, le caveau de production de Sekt (Champagne) de Georg Christian von Kessler, le premier sur le sol germanique et, à partir de 1846, l'usine de construction mécanique Esslingen d'Emil Kessler; cette dernière acquit une renommée mondiale avec l'exportation de locomotives de montagnes. L'«Esslinger Wolle» (la laine d'Esslingen) et la «Württembergische Baumwollspinnerei» (la filature de laine wurtembergeoise) et bien d'autres entreprises créèrent de plus beaucoup d'autres emplois. Dès 1845, Esslingen fut raccordé au réseau ferroviaire.

Les deux Guerres mondiales n'apportèrent presque aucun dommage à la ville. Sous le régime national-socialiste, il y eut à Esslingen des victimes, des secoureurs et des auteurs criminels. Au cours de la Reichsprogrom-Nacht de 1938, la synagogue dans la rue Im Heppächer fut mise à feu et à sang et l'orphelinat juif de la rue Mülberger fut détruit. Les enfants et les adolescents furent dispersés aux quatre vents. Son directeur, le célèbre pédagogue Theodor Rothschild, mourut en 1944 à Theresienstadt. De nombreux Juifs d'Esslingen ne purent échapper à la déportation qui eut lieu au marché Hafenmarkt; une première grande vague de déportations fut celle de la fin novembre 1941. Il y eut aussi des actions à l'opposé: c'est ainsi que Paul Schmidt, pasteur de la Südkirche, ouvrit aux Juifs en fuite le presbytère du faubourg de Pliensau et en fit une station membre de la chaîne des presbytères souabes (Pfarrhauskette).

Après la seconde Guerre Mondiale, la structure sociale d'Esslingen changea radicalement par l'accueil de près de 47.000 expulsés des provinces allemandes de l'Est. Le nombre d'habitants de la ville doubla pratiquement. Aujourd'hui Esslingen compte près de 90.000 habitants et fait partie des communes de la région de Stuttgart les plus actives sur le plan culturel. La population est multiculturelle.

Qu'il s'agisse d'habitants implantés ou nouvellement arrivés, les citoyens d'Esslingen aiment les 1700 ans de l'histoire de leur ville.

unstmarkt
KLEINER MARKT

Kärtchenrückseiten mit
Tuschezeichnungen des Autors
103 Kärtchen in Schmuckkästchen
Format: 8 x 8 x 3 cm
ISBN 978-3-89978-165-6
Preis: 11,90 Euro

Joachim Stallecker
Esslingen-Quiz

Welcher tierische Wettkampf wird in Esslingen veranstaltet? Warum sind auf der Fassade des Wolfstores Löwen zu erkennen? Welchen Spitznamen tragen die Stadtbewohner? Und wie viele Liter passen eigentlich in einen »Esslinger Eimer«? Das »Esslingen-Quiz« in dem dekorativen schwarzen Schmuckkästchen bietet eine vergnügliche und zugleich lehrreiche Reise durch Geschichte, Architektur, Kultur, Politik, Sport, Wirtschaft, Brauchtum und Prominenz. Die Fragen sind für Einheimische und natürlich auch für alle Besucher, Freunde und Kenner der Stadt interessant und lösbar; die Antworten liefern spannende Zusatzinformationen. Ergänzt werden die Fragen durch 100 Tuschezeichnungen auf der Rückseite der Kärtchen. Das Quiz kann mit zwei oder mehr Spielern gespielt werden. Diskussionen und Anekdotentausch ergeben sich dabei ganz von selbst – ein geselliger Wissenswettstreit für zahlreiche Anlässe!

72 Seiten, Broschur mit Fadenheftung
Format: 22,5 x 22,5
ISBN 978-3-89978-285-1
Preis: 12,90 Euro

Joachim Stallecker
Schwarzwald zum Ausmalen
Stuttgart zum Ausmalen

Ein Aspekt der Ausmalbücher wurde bislang kaum berücksichtigt - das große Interesse an regionalen Themen. So finden sich in Joachim Stalleckers Schwarzwald Ausmalbuch abgründig-schräge Zeichnungen mit Szenen der bekannten Sehenswürdigkeiten, aus Brauchtum, Prominenz und Frohsinn.

Joachim Stallecker
Stuttgart zum Ausmalen

72 Seiten, Broschur mit Fadenheftung
Format: 22,5 x 22,5
ISBN 978-3-89978-273-8
Preis: 12,90 Euro

Joachim Stallecker
Stuttgart-Quiz

103 Kärtchen in einem Schmuckkästchen, Format: 8 x 8 x 3 cm
ISBN 978-3-89978-096-3
Preis: 11,90 Euro

Joachim Stallecker
Württemberg-Quiz

103 Kärtchen in Schmuckkästchen
Format: 8 x 8 x 3 cm
ISBN 978-3-89978-136-6
Preis: 11,90 Euro